Ursula Bieber

W0226439

# Jugendstil

## mit Windowcolor

frechverlag

## Im frechverlag sind viele weitere Bücher zum Thema Malen und Dekorieren erschienen. Hier eine Auswahl:

TOPP 2543

TOPP 2417

TOPP 1498

TOPP 2484

TOPP 2198

TOPP 2480

Fotos: frechverlag GmbH + Co. Druck KG, 70499 Stuttgart;
Fotodesign Peter Eberts, Bamberg

Dieses Buch enthält:
2 Vorlagenbogen



Auflage: 5. 4. 3. | Letzte Zahlen
Jahr: 2003 2002 2001 2000 1999 | maßgebend



frechverlag GmbH + Co. Druck KG, 70499 Stuttgart

ISBN 3-7724-2537-2 · Best.-Nr. 2537
Druck: frechverlag GmbH + Co. Druck KG, 70499 Stuttgart

# Tiffany ganz einfach ...

so kann man wohl am besten beschreiben, was sich mit den neuen Fenstermalfarben zu Wege bringen lässt und mit seiner Wirkung in Erstaunen versetzt! Vor allem wenn man sich schon einmal mit der echten Tiffanytechnik beschäftigt hat, wird man begeistert sein, auf welch einfache Art und Weise sich ein ähnlicher Fensterschmuck mit den neuen Windowcolor-Farben erzielen lässt.

Die in diesem Buch vorgestellten Motive wurden aus jugendstiltypischen Elementen gestaltet, die sich besonders in der geschmackvollen und ästhetisch reizvollen Abstraktion von Natur (Blüten, Tiere, Landschaften) zeigen, für welche diese Stilepoche so berühmt wurde.

Nicht nur für das Fenster kann man hiermit wundervolle Dekorationen herstellen; auch Spiegel, Kacheln, Vitrinenscheiben und Gebrauchsgegenstände wie Gläser und Windlichter bekommen einen Hauch von Jugendstil und selbst einfache Objekte werden zu kleinen Schmuckstücken.

Dieses Buch zeigt Ihnen eine Vielzahl von Anregungen, die sich mit Hilfe der beiliegenden Vorlagenbogen je nach Ihren persönlichen und räumlichen Gegebenheiten auch vergrößern oder verkleinern lassen und leicht umsetzbar sind. Auch erfahren Sie alles Wissenswerte über die richtige Anfertigung von Windowcolor-Malereien und eine Menge Tipps und Tricks um Fehler und Enttäuschungen zu vermeiden.

Viel Spaß bei der Umsetzung und Freude mit Ihrer neuen Wohnungsdekoration wünscht Ihnen Ihre

*Ursula Bieber*

# Material

- Malfolien in A3 und A4 (Prospekthüllen)
- Konturenmittel und Windowcolor-Fensterfarben (z. B. Sunshinefarben)
- Leere Konturenfläschchen (Zubehör für die Seidenmalerei)
- Maldüse, 0,9 mm ø (Zubehör für die Seidenmalerei)
- Zahnstocher
- Klebefilm
- Küchenkrepp
- Selbsthaftende Folie (Adhäsionsfolie) für aufwendig gearbeitete Motive, die Sie verschenken oder öfter umplatzieren möchten.

  Diese Folie wird im Fachhandel angeboten. Statt das Motiv direkt von der Malfolie auf dem Glas anzubringen, lassen Sie die Malerei auf der Spezialfolie und schneiden das Motiv mit einem Rand von ca. 1 cm aus. So wird die Malerei nicht so strapaziert, wenn sie an einen anderen Platz kommen soll und lässt sich gut aufbewahren.

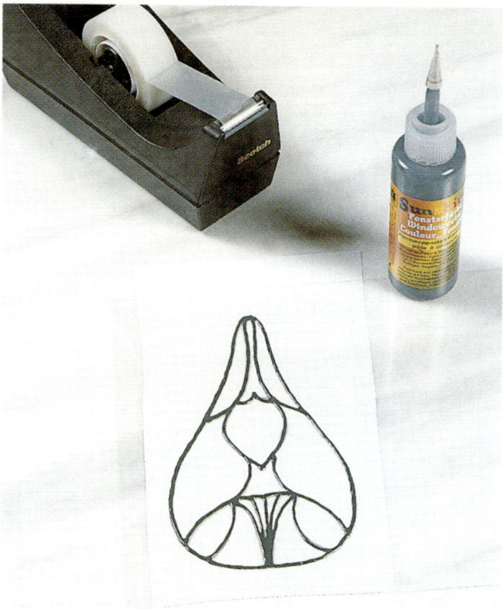

# So geht's

Befestigen Sie die Vorlage mit Klebefilm unter der Malfolie, so dass Sie während dem Malen bei Bedarf das Motiv mit der Malfolie drehen können. Die Konturenfarbe lässt sich gleichmäßig auftragen, wenn Sie auf die Maldüse eine Konturenfeder (0,9 mm) schrauben. Achten Sie darauf, dass die Konturen nicht zu dünn aufgetragen werden, sonst besteht die Gefahr, dass sie beim späteren Ablösen der Malerei reißen!

Lassen Sie die Kontur etwa 6 Stunden trocknen, bevor Sie mit dem Ausmalen beginnen (siehe Herstellerangaben).

Tragen Sie die Farbe direkt aus der Malflasche auf. Lediglich sehr kleine Zwischenräume füllt man besser mit einem Zahnstocher und einem Tropfen Farbe aus.

Ansonsten gilt es die Farbe gleichmäßig und sehr satt aufzubringen! Achten Sie darauf, dass Kontur und Farbfläche lückenlos verbunden wer-

den. Gehen Sie eventuell sogar mit der Farbe etwas über die Kontur um eine optimale Verbindung zu bekommen. Da die Farbe transparent auftrocknet, fällt dies später nicht auf. Bei hellen Konturenfarben ist allerdings Vorsicht geboten.

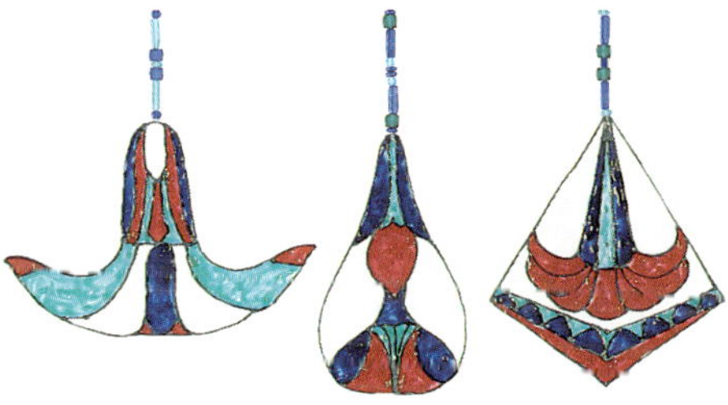

## WICHTIG

Für die in diesem Buch vorgestellten Motive müssen einige Farbtöne gemischt werden. Den Hinweis dazu finden Sie bei der Bildbeschreibung im Text. Das jeweilige Mischungsverhältnis ist wie folgt angegeben:

2/1-transparent/oliv bedeutet, dass hier zwei Teile transparente Fensterfarbe mit einem Teil olivfarbener Fensterfarbe gemischt wurde.

Um gemischte Farben aufzutragen, verwenden Sie leere Konturenmittelfläschchen (Seidenmalerei).

Grundsätzlich sind alle Farbtöne eines Fabrikats mischbar.

Nach 24 Stunden sind die zunächst milchigen Farben transparent aufgetrocknet und ausreichend durchgehärtet. Das Motiv lässt sich jetzt von der Malfolie abziehen und auf allen glatten Flächen anbringen. Da die Unterseite der Malerei etwas klebrig ist, müssen Sie sehr darauf achten, dass das abgezogene Motiv nicht an irgendeiner Ecke nach hinten umknickt und festklebt. Es ist dann fast unmöglich, die Flächen wieder voneinander zu trennen. Die einzige Möglichkeit ist, das Motiv vorsichtig mit kaltem Wasser anzufeuchten. Dies ist auch die beste Methode um eine Malerei wieder von einer Fensterscheibe abzulösen. Achten Sie auch darauf, dass die Scheibe beim Abnehmen kalt ist; Motive also nicht bei direkter Sonneneinstrahlung entfernen. Sie erhöht die Haftung.

# Tipps und Tricks

Achten Sie beim Konturenauftrag darauf, dass Sie die Linien „ziehen" und nicht „schieben".

Ein elektrischer Konturenliner, wie er bereits für die Seidenmalerei angeboten wird, ist sehr hilfreich und garantiert ohne Anstrengung einen gleichmäßigen Konturenauftrag.

Nach dem Konturenauftrag empfiehlt es sich, die Düse sofort mit Wasser und einem dünnen Draht zu reinigen. Ist die Farbe erst eingetrocknet, lässt sie sich nur schwer aus der dünnen Maldüse entfernen.

Vorsicht! Die Farben lassen sich von PVC-Folien nicht abziehen! Verwenden Sie am besten nur die im Handel angebotenen Malfolien.

Reinigen Sie die Flächen, auf denen Sie Ihre Malerei anbringen möchten, nicht mit handelsüblichen Reinigungsmitteln. Sie enthalten Tenside, die sich mit den Malfarben verbinden und ein Wiederablösen unmöglich machen. Nehmen Sie zum Reinigen der Flächen am besten Essigwasser.

Fertigen Sie eine Farbtabelle an, da sich die Farben während dem Trocknen sehr verändern.

Wenn Sie Farben mischen, verwenden Sie dazu Konturenflaschen aus dem Seidenmalbereich. Verrühren Sie die Farben mit einem Schaschlikstab und vermeiden Sie es, die Farbe zu schütteln, da sonst Bläschen entstehen, die beim Malauftrag sehr stören.

Füllen Sie kleine Zwischenräume mit transparenter Glasmalfarbe aus. Das Motiv sollte nicht zu filigran sein und keine Zwischenräume haben, sonst kann man es nicht in einem Teil ablösen.

Während dem Trocknen kann es passieren, dass sich die Farbe aus unerfindlichen Gründen „zusammenzieht" und kleine Löcher im Farbauftrag entstehen. Diese können, sobald Sie sie entdeckt haben, mit der entsprechenden Farbe nachgebessert werden.

Stellen Sie die offenen Farbflaschen, die Sie im Moment nicht benötigen, umgedreht in ein Gefäß mit einem angefeuchteten Schwämmchen am Boden (gibt es auch als Malhalter im Fachgeschäft zu kaufen). So kann die Farbe nicht eintrocknen und die Düse verstopfen. Bevor Sie weitermalen, geben Sie den ersten Farbtropfen auf ein Stück Küchenkrepp, da sich bei dieser Lagerung immer etwas Wasser an der Düse sammelt.

Verstopfte Maldüsen reinigt man am besten mit einem Zahnstocher. Die gelierte Farbe lässt sich damit gut herausholen.

Wenn Sie sich einmal vermalen, ist dies keine Tragödie, denn Farben und Konturenmittel lassen sich im noch feuchten Zustand problemlos mit Wasser entfernen. Für kleine Verbesserungen verwenden Sie ein feuchtes Wattestäbchen.

Farben können auch während dem Malen vermischt und schattiert werden. Tragen Sie zunächst die eine Farbe an der gewünschten Stelle auf und verziehen Sie diese beim nächsten Farbauftrag etwas in die zweite Farbe. Auch mit einem Zahnstocher kann man Farben gut ineinander verziehen.

# Art Deco

KONTUR
Schwarz

FARBEN
Transparent
Dottergelb
Feuerrot
Königsblau
Orange

# Pfauen-paar

KONTUR
Bleigrau

FARBEN
Perlmutt
Türkis
Königsblau
Mittelblau
Hellblau
Violett
Anthrazit
Hellgrün
Dunkelgrün

# Bäume im April

(Anleitung Seite 10)

## Bäume im April

(Abbildung Seite 9)

♦♦♦

KONTUR

Bleigrau

♦♦♦

FARBEN

Hellbraun
Maronenbraun
Weiß
Elfenbein
Olivgrün
Mittelgrün

♦♦♦

FARBMISCHUNG

4/1-
Transparent/
Anthrazit

## Herzdekor

(Abbildung Seite 1)

♦♦♦

KONTUR

Bleigrau

♦♦♦

FARBEN

Dottergelb
Orange
Königsblau

♦♦♦

FARBMISCHUNG

1/1-
Gelb/Maigrün

## Klatschmohn

(Abbildung unten)

Eine schöne Dekoration für querverlaufende kleine Fenster, Vitrinentüren oder Spiegel ist dieses beeindruckende Mohnmotiv.

♦♦♦

KONTUR

Bleigrau

♦♦♦

FARBEN

Feuerrot
Hellrot
Orange
Hellgrün
Dunkelgrün
Oliv
Hellbraun

## Kletterrose

(Abbildung Seite 11)

♦♦♦

KONTUR

Bleigrau

♦♦♦

FARBEN

Feuerrot
Magenta
Hellbraun
Oliv

♦♦♦

FARBMISCHUNG

4/1-
Transparent/
Magenta

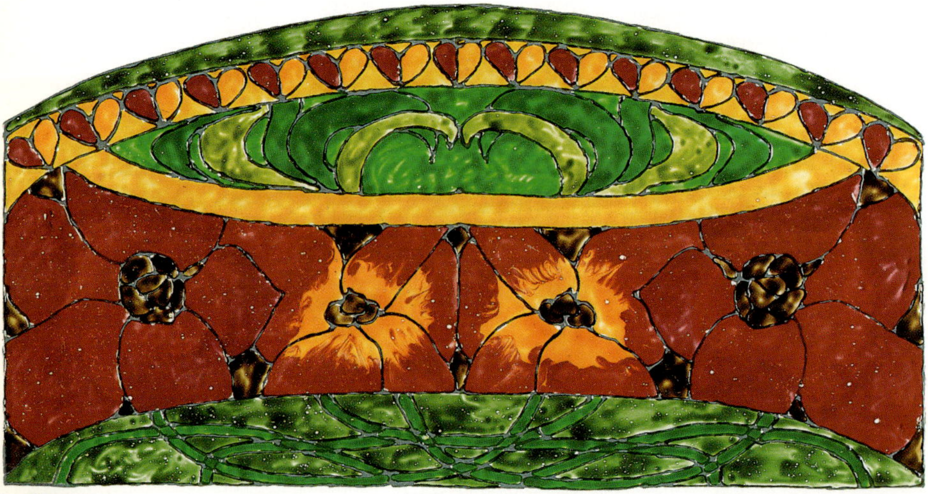

# Medaillons

KONTUR

Bleigrau

FARBEN

Königsblau

Mittelblau

Maigrün

Türkis

Transparent

FARBMISCHUNG

1/1-Gelb/Maigrün

# Fuchsien

♦♦♦

KONTUR

Bleigrau

♦♦♦

FARBEN

Hellbraun

Elfenbein

Hautfarben

Magenta

Violett

Dunkelgrün

FARBMISCHUNG
3/1-
Transparent/
Dunkelgrün

# Windlicht „Papyrus"

(Vgl. Abbildung Rückseite)

Die Vorlage vom Vorlagenbogen muss dreimal übertragen werden.

KONTUR
Schwarz

FARBEN
Türkis
Königsblau
Hellblau
Hellgrün
Transparent

# „Barock"

(Abbildung Seite 17)

Dieses Motiv wurde mit drei Glasnuggets, die es in Glas- und Porzellangeschäften zu Dekorationszwecken zu kaufen gibt, ergänzt. Die Glassteinchen werden in die feuchte Farbe gedrückt und kleben beim Trocknen fest.

KONTUR
Bleigrau

FARBEN
Königsblau
Feuerrot
Türkis
Transparent

# Lebensbaum

KONTUR
Bleigrau

FARBEN
Hellbraun
Maronenbraun
Maigrün
Dunkelgrün
Hautfarbe
Elfenbein

# Reife Trauben

(Anleitung Seite 20)

# Reife Trauben

(Abbildung Seite 19)

♦♦♦

KONTUR

Bleigrau

♦♦♦

FARBEN

Königsblau
Violett
Hellgrün
Dunkelgrün
Maronen-
braun
Transparent

♦♦♦

FARB-
MISCHUNG

4/1-
Transparent/
Dunkelgrün

♦♦♦

Die Farbeffekte in den Blättern erhalten Sie, indem Sie in den frischen Farbauftrag jeweils hellgrüne bzw. dunkelgrüne Farbtupfer setzen.

# Iris

♦♦♦

KONTUR

Bleigrau

♦♦♦

FARBEN

Königsblau

Violett

Bernstein

Oliv

Hellgrün

Dunkelgrün

♦♦♦

# Fenster-mobile

Fünf Einzelelemente hängen wie bunte Glastropfen am Fenster. Nebeneinander, aber in unterschiedlicher Höhe angeordnet, kommen sie besonders gut zur Geltung.
Die Motive werden direkt auf eine spezielle Mobilefolie (Format A3) gemalt.
Nach dem Trocknen werden die Einzelelemente ausgeschnitten. Mit einer Nadel lässt sich ein kleines Loch durch die Folie stoßen und mit einem Perlonfaden werden die „Glastropfen" an einer Stange befestigt.
Schön sieht es aus, wenn Sie vorher noch ein paar passende Glasperlen auf die Perlonschnur fädeln.

KONTUR
Bleigrau

FARBEN
Königsblau
Türkis
Feuerrot
Transparent

# Feuer-lilie

**KONTUR**
Bleigrau

**FARBEN**
Orange
Dottergelb
Oliv
Transparent